SANAR AL SOL

Inés Olandía Olea

COLECCIÓN ITES

SANAR AL SOL

© Inés Olandía Olea
© Ilustración de portada: Raquel Zquin
(IG: @ raquelzquin)
© de esta edición: Olé Libros, 2025

ISBN: 978-84-10053-94-6
Depósito legal: V-48-2025
Impreso en España

KALOSINI, S. L.
Grupo editorial olélibros
equipo@olelibros.com
www.olelibros.com

A mi familia,
por enseñarme el camino para ser una buena persona.

A mis amigas, porque son mi pozo de sabiduría
y mi mano que agarra fuerte cuando todo cae.

Y en especial a Patri, Ali y Victoria, por permanecer a mi lado
en cada vaivén que la vida me ha dado mientras escribía todo esto.

*En esta vida se hace necesario permanecer
donde el peso del mundo se vuelva liviano.*

¿Sabes lo que no echo de menos?
Echarme de más.

Reparar

Soy de cuidar sin frenos,
de arreglar los juguetes rotos,
de pegar con celo los recuerdos.

Por eso a veces siento
que no soy de esta época
que nací a destiempo
del amor que ahora se espera.

Me gusta ver sonreír
a la gente que habita en mí
y cazar al vuelo las risas
que me llenan las pupilas.

Nadie sabe lo que pasa
cuando me quito el traje de poetisa
y sin salir de «casa»
me convierto en heroína.

Quisiera aprender a sobrevivir
a estos tiempos que me tienen
el corazón de un hilo pendiente
y en la cara una sonrisa.

Ojalá sin sufrir.

Cuando agradeces
te viene de vuelta.

Y aunque no venga,
ya te va a dar igual.

[6 de junio de 2022]

PERMITENCIA

Al fin tengo derecho a estar mal.
Al fin te hui.
Ya no me mientes.

Por fin me permito
y te permuto.
Me doy el aire que necesito
y respiro sin el peso del mundo.

Tengo alas
y las uso para volar.
Ya no ato mis deseos
por des-saber dónde acabarán.

Me quité la armadura
y mis hombros ya no duelen.
Suspiran al saber
que he roto toda atadura.

A pesar de las pesadillas
que entrelazan mis miedos
hoy por fin sé lo que merezco,
hoy por fin me re-quiero.

[11 de octubre de 2021]

Secretos

Lo que le digo al mar cuando nadie escucha
es lo que me digo cuando la vida
intenta vencerme en mi lucha.

El poder de un «todavía»

Hay días en que no hay escala de grises,
en que no puedo ver más allá de «ahora o nunca».
Son días que me estremecen
que me cantan mal
que me hielan la sangre buscando caricias.

Días en los que la poesía no nace,
no crece,
no vive,
se va.

Esos en los que la hiedra no trepa
y no hierve el agua de mi té.

Que, cuando se abre una brecha
y por ella entra la luz,
puedo ver cómo se asoma ese «todavía».

«Todavía no puedo»
«Todavía no he llegado»
«Todavía no he aprendido esto»

Y me salgo del blanco y negro
a deslizar mi ansiedad por la paleta de grises.
Después consigo ver más allá
y esta incauta desaparece.

Nunca es tarde si encuentras esa brecha,

porque aún es «todavía».

TIRA Y AFLOJA

De sobrio, no de ebrio
tu mirada se clava en mis recuerdos.

Sin necesidad de ayuda, tú sincero
calzas en mis noches como anillo al dedo.

Tus sonrisas, mis anhelos.
Me dices «ven» y yo no vengo.

Voy queriendo tus mensajes
cuando no hallo mis lunares.

Voy andando sobre tus «quiero»,
aunque me matan tus «pero».

Cada dos por tres
se hacen cuatro
noches en vela
esperando tu relato.

De cómo te ha ido,
de cómo te va.

Aguardas un beso
y te quedas sin final.

Vuelquito

Vuelquito al corazón cuando esperaba verte y no estás.
Cuando el mar susurra que me quede
mientras mi tiempo quedó atrás.

Vuelquitos que me daban cuando jugabas
a hacerte de rogar
por las mañanas
mientras a mí me gusta remolonear.

Mi corazón se despide de las partes
que dejé inertes al mudarme.

Al quitarme de ti.
Al por fin dejarte ir.
Al espantarte.

Y ahora buscas que vuelva,
pero no sabes que ya no queda
ni un solo rincón de mi cuerpo
que pueda echarte de menos.

Vuelquito al pasar
por la primavera que me robaste
de puntillas cuando soñaste
que me podías hacer mal.

De ilusiones viviste
si de mi pensaste
que podrías hundirme
al escaparte.

Luz de gas

Ayer volviste,
porque siempre vuelves.

Que no me hiciste tanto daño,
que no me hiciste tanto mal, dices.
Que no recuerdo bien.

Y a mí me da risa
la inocencia que tienes
pensando que volveré a caer.

Pregúntale
a un exheroinómano si querría volver
a ese infierno de la dependencia.
Aquí tienes tu respuesta.

¿Con qué derecho te crees
de aparecer tan de repente
tanto tiempo después?

En tus tretas ya no entro
de cabeza.
Aprendí a manejar mi timón
sin que tú fueses el viento.
Porque no tienes derecho a serlo
si lo que haces es encarcelar a quien solo te quiere querer.

Hoy ya me respeto,
orgullosa de saberlo ver,
y me llena esa seguridad
de que no me vas a engañar
otra vez.

Rabia

Joder con la melancolía
cuando le da por joder.

Impostora

No puedo dormir,
no me caben dentro tantas emociones.
Está siendo un abismo contrariado en mi interior
y siento un pálpito que me llena de sabores.

Siento como si la vida me dijese
«escarmienta, por no creer en ti».

Ahora toca volar, crecer creando,
caer en la cuenta de que la nube que piso
teje la red para no caer al abismo.

Estate quieta y observa
con los pies pegados al suelo.
Lo que parecía tan imposible
está sucediendo.

Quién le iba a decir
a una adolescente soñando
que unos años después
estaría publicando.

Parece fácil la rima que canto
y puede ser que aún no lo haya logrado.
Aunque una certeza tengo:
vencerme a mí misma y mi juicio interno
es la mayor victoria que llevaré dentro.

[2 de junio de 2022]

Colores

Lo blanco de la nieve que calienta tu pecho.
Lo verde de la hierba que te crece en el alma.
Y lo azul del río que inunda tus ganas.

La vida misma

Si el ave Fénix pudiera elegir entre quedarse hecho trizas o resurgir de sus cenizas,
créete que optaría por la segunda opción.

Tú, que llevas en la sangre volver a arder de nuevo, quemar etapas dejando el tiempo justo de descanso entre ellas para aparecer de nuevo con ese brillo en la mirada por una nueva ilusión.

La vida es esto; la vida es cambios con sorna, etapas que se quedan colgando de tus dedos como un hilo de hielo lo hace de una rama en plena cencellada. Pues al mediodía ya será una ilusión.

La vida es comenzar un nuevo brazal del camino sin olvidar el barro que dejas atrás. Es olvidarte de ti misma a momentos, ocuparte del otro sin respirar. Ver más allá de lo que te cuentan y romper el cristal con el que miras.

La vida es darte cuenta de que eres capaz de superar el tiempo, que el pasado puede curar cuando el presente escuece. Y que el futuro viene tal y como tú lo moldeas.
La vida es tientos, brazadas arriesgadas, chupitos que abren una veda inesperada. Es noches de terror o de disfrute, es horas de creer que otro mundo te nutre.

La vida es luto y muerte.

La vida es eso por lo que sabemos que no somos inertes.

PLENITUD

Te veo ahí.
Donde sea, pero en un lugar
donde el corazón choque contra el pecho.

IDENTIDAD

Mi identidad es mi destino.
La fina línea que separa mi vientre
de mi ombligo.

Mi verdad, escrita en el camino,
en el que me tengo cerca y a la vez en vilo.

De mis adentros nace una loba
que cuando sale la luna llena
la espera
y con la nueva, no se esconde.

Soy un cuarto creciente rodeada de gente,
cuarto menguante cuando me quito los guantes
y muestro estas manos teñidas de años
para acariciar otra vez al de al lado.

Me tengo en un suspiro
y me tienen en los que confío.
Me pierdo cada vez menos
entre brazos de extraños.

Cada lágrima derramada
va a dar a un mar desconocido
porque aún no tengo ni idea
de dónde está mi sitio.

¿Por qué llueves?
No te vayas,
que me tienes que regar el alma.

Ironía

Como un poeta que roba libros,
un incendio que quema océanos.
Tal incoherencia te saca de quicio,
te pone del revés y te da una palmadita en la espalda
intentando felicitarte cada vez que fallas.

Soy yo. Yo en mi mente y mis fantasmas.
En las noches partidas por la luna
mientras me mira y se ríe:

«Si solo pudieses ver lo bonita que luce tu piel bajo mi luz»,
ella dice, ella me canta.
Cuando entra por el cristal de mi puerta
y me llama.

Soy mundo y aparte,
espacio y sangría
en los versos que escribías
sobre la piel que besabas.

Yo tan arcoíris y tú tan daltónico.
Y además, miope.
Nunca me vi a tu lado,
solo supe disimular bien los abrazos.

Ahora la culpa se me sube a la espalda
y retoza en mi pecho
llevándose mi calma.

Saco el látigo y me vuelve a caer
una tormenta de trozos de papel
escritos a medias.

Como a medias quedó
que me pudiese desenvolver
cuando expuse toda mi piel.

Me costó entenderme,
saber de dónde voy y a dónde vengo.

Ah, no, que no era así.

Amanecer de aeropuerto (I)

En la belleza de un amanecer está la calma.
Un nuevo día comienza y tú
estás a punto de latir.

Te detienes y es como si casi pudieras ver
cómo avanzan las luces y se van difuminando
del violeta al rosa, y de ahí al naranja:
«Observa ese arrebol que sana».

Les guardo un hueco en todos mis amaneceres
a las musas que no saben si van o vienen.

Y lleno de aire mis pulmones
mientras el fuego añil los invade.

Marca mis ritmos el sol
con su salir y su huir.

Fuego.
Es fuego que desgarra
por la necesidad de viajar para volver a casa.

[Marzo de 2022]

Aún algún día escucho esa voz
que un día me habló:
«Moverte de casilla o de Castilla.
Tú eliges».

«Idílico»

1. Del idilio o relacionado con él. «Poesía idílica».
2. Que es utópico o excesivamente idealizado.

Lo verde, lo blanco, lo azul.
Cuando nada falta si estás tú,
abierta en canal de vacío
cayendo treinta veces por sentido.

Anda y para. Camina o salta.
Date la oportunidad de verte
en lo más alto allá en la montaña.

Pisa piedras y mancha de barro
tus botas rotas, que marcan el paso.

Cruza ríos, cascadas, glaciares.
Piérdete y encuentra tus lugares.

Admira de lejos una vez más
lo que la tierra te da.
Y siéntete enorme al saber
que los grandes logros están por hacer.

Para Ali

Semillas

Ve dejando semillas,
algún día caerán en buen lugar.

Ve probando la tierra
cuando no te haga daño el mar.

Ve sacando de tu cabeza
los versos por sonar.

Y hazte un techo de hiedra
en tus noches carmín
para que cuando yo vuelva
me sanes a mí.

A VECES

Hay veces que no creo en mí,
juzgo y me juzgo sin compasión o miramientos
y saco lo que llevo dentro
con este vicio de escribir.

Hay muchas veces que recibo lo que no he dado
y se siente culpable en mi pecho
como si fuese un pecado.

Hay veces que la sombra empaña la luz
inherente a la vida.
A veces hay veces que estoy muy cerca de la salida.

Cuando escribo, me leo, me creo
y me crezco en ver que lo que lucho vale caro,
pero vale algo.

A veces hay veces que amo tanto
que el cariño se me sale del centro
y me inunda el inicio de lo malo.

Creer que no mereces ese regalo,
el peor de los encantos.

A veces hay veces que no me cabe dentro
toda esta espiral de sentimientos,
pensamientos
y lamentos.

Y se me sale afuera en forma de verso.

Hay veces que empapo al resto
de esta turbulencia
y ya no digo «lo siento».

Porque
a veces hay veces que amo «tanto».

Te veo.
¿Dónde?
Donde acaba tu abismo.

TRES CIELOS

Tres cielos por cada vuelo encerrada en mis pensamientos
y esperando al siguiente, con cada aleteo me pierdo.

El primero, cuando me voy.
El segundo, en el que me entretengo,
y el tercero cuando vuelvo.

Pensé que me iba a dar vida
despegar los pies de esos suelos
y obtuve como respuesta
un querer como suelo hacerlo.

A día de hoy se me repiten las rimas y no soy capaz de salir del mar,
pero... si es que nunca aprendí a navegar
estas aguas que me hielan a pesar del trópico.

Encandiló a mis ganas una idea que ahora se torna borrosa,
que hizo al miedo languidecer
y creerme tan valiente como para ser capaz de ser
allá donde no estoy.

Abrazo ahora ese afán por volar,
de ser libre a costa de mucho
pudiendo hacerlo con poco.

Abrazo la llama que habita en cada recuerdo que fabriqué
de la mano de personas que jamás voy a olvidar.

Abrazo el pelo al viento que me ponía la brisa de ese mar.

Y respiro atenta por ver dónde voy a llevar a mi corazón
a palpitar de verdad.

Se acabó la cuenta atrás.

BROTES

El amor
cuanto más das, más crece.

Lo comparo con el musgo que crece en los tejados,
con los árboles diminutos que los pueblan en tu ciudad.

Cuánto más te abres,
más creces.

Más luz entra y sale
por las rendijas del corazón,
cicatrizado.

Cuanto más digo «te quiero»,
más me crece dentro.
Más reboso y más me lleno,
más me siento sanando.

Desde aquí bendigo el momento
en que comencé este nuevo andar
mientras dejaba de nadar
en mis aguas frías.

Cambié un mar por un océano
y ahora me llena el campo amarillo
que siempre llevé dentro.

Echar raíces
por fin cobra sentido;
aunque sigo siendo del mundo en las ramas
ahora me calma este frío.

KILÓMETRO CERO

Los 10.000 kilómetros en esta isla, justo cuando el sol cae en la vuelta a casa tras el último baño del año. Esos kilómetros que llevaba esperando desde que vine. Ese coche que me ha llevado a tantas aventuras en los últimos meses. Se han pasado como esa estrella fugaz que surcó el cielo hace apenas una semana. Quizás fuese una premonición. Tiene gracia: justo en el momento en que me siento especial, coinciden cosas especiales, y la atmósfera que se crea alrededor rezuma calma.

Sonaba «sabor mestizo» para la ocasión, el sol doraba el malpaís y los cactus parecía que te pedían abrazarlos. Y yo de camino me preguntaba: «¿cómo es posible que amar algo, a veces, duela tanto?», llegando a la conclusión de que las expectativas son solo el preámbulo de las decepciones, que no siempre, si se quiere, se puede, pero por lo menos que no quede en el tintero intentarlo.

Y me prometí a mí misma no volver a hablarme como si hubiese fallado, a llamar a las experiencias «errores» en vez de «aprendizajes» y a no abrazar y transitar lo que quiera que vaya a sentir. Porque, si algo tiene sentido, quizás sea eso: tan solo existir y darnos el permiso de experimentarlo.

ORIENTACIÓN SUR

En esta isla he aprendido que hay días grises
hasta en el mayor paraíso que imagines.
Cuando el corazón no se encuentra
y la niebla aprieta,
pierdes el norte para estar en el sur.

Que, cuando subes el mar de nubes,
ahí está el sol,
esperando que sanes sin darte nada a cambio.
Recibiéndote a expensas
de que tú le regales un suspiro aliviado.

Que, bajo la superficie de olas mortíferas,
hay aguas calmas,
donde la vida emerge entre arenas de lava.

Que la calima trae sus monstruos
y la lluvia los espanta.

Que vale más un compromiso
que una cervecita en la playa.

Que la gente falla a pesar de nada
y que me rodean los que no se apartan.
Los que, de intensa que soy, me abrazan.

Los monstruos se van, se calman.

La vida sigue y yo
me impregno de tus aguas.

ARRUGAS

De las entrañas nace un dicho
que cuenta lo que no está escrito.
Habla de las cosas que habitan en nosotros
y desconocemos, como el invierno al oso.

De esos revoltijos de sentimientos
Que, por no tener, no tienen ni nombre.
Que cuando llueve pasan de ser hambre
a convertirse en hombre.

O mujer, y anciana.

La que cuenta las primaveras
antes de asomar por su balcón las piernas,
repleto de geranios y rosales espinados.

¿Qué cuentan? Lo cuentan los animales.
Solo ellos saben lo que ella vive,
lo que canta, lo que besa.

Lo que besó y sanó.
Lo que hirió y curó.

Esa anciana seré yo.

RECUERDO

No retengo porque he aprendido a dejar ir. A liberar.
Si eso implica dejar memoria atrás, que así sea.

Sin que los recuerdos se resientan,
dejando a mi alma estacionarse donde quiera,
como una mariposa cuando vuela en medio de la tormenta.

Déjala que se pose bajo la hoja que es su abrigo,
déjala que escoja su refugio.
No intentes controlar lo que la naturaleza trae consigo.

Los recuerdos que pesan son los que perduran en el alma,
aunque algunos hay que también condenan.
Una condena eterna mientras estamos vivos,
ya que no solo recordamos lo que vivimos,
también lo que sentimos.

> Un recuerdo trae con él la calma
> o la rabia.
> Un recuerdo trae con él
> su casa.
> Un recuerdo nos abraza,
> el otro nos abrasa.
> Un recuerdo nos llora
> mientras otro nos ríe.
> Uno se burla
> mientras el otro nos vive.

Recordar es lo que somos,
recordar son nuestros demonios.

Recordamos con franqueza
y también sin mucha certeza.

A pesar de cómo, cuándo y dónde,
recordamos con cariño lo que no nos esconde.

Hemos de recordar siempre que, sin el recuerdo, no seríamos quienes somos.
Y ojalá tener presente que cómo nos recuerden
es nuestro legado.

PERFECTA

Tengo los dientes pequeños,
una sonrisa de encía
y mucho pelo en las patillas.

Tengo celulitis, en los dos lados,
y alguna estría que asoma
testigo de cuando el mal me asola.

¿Pues qué?
Es el mar en mis piernas,
la galaxia de mis lunares
y la piel que me protege
del mundo y sus males.

Bendigo mis piernas porque me llevan
a donde quiere el alma
y las bendigo porque tiemblan
como si no hubiese un mañana.

Agradezco a mi pelo que se enrede,
porque el viento lo merece.
Doy gracias por mis ojos miopes
porque la visión borrosa
me hace ver otro mundo
sin cadenas ni esposas.

Y tanto agradezco ser sensible,
vivir los aromas,
conectar con la tierra,
llorarle a cualquiera,
que el ruido me asole
y que el silencio no me duela,

Que, si llegase el día de hacerme hielo,
—universo no lo quiera—
tuviera que ahogarme en la pena.
Porque así es como vivo,
porque así es como siento.

Y otra vida vivirla
no merece la pena.

Consolar

Dos ojos que se veían reflejados
en las pupilas de los demás,
en todas menos en las que los miraban.

Dos ojos que al ver la lluvia caer
se dejaban también llover sobre las mejillas
en las que el amanecer
pintaba su nuevo día.

Esos ojos que no miran, que en cambio saben ver.
Ese alma que no oye, que te presta su escucha.
La cálida caricia en el hombro que te devuelve a la vida
y el abrazo que te cura el alma hasta cuando no está herida.

De esas cosas se pintó en el pecho
unos versos grabados a fuego,
que ha de estar donde es
siempre y cuando eso le haga habitar su piel.

Esos dos ojos que se miran y respiran,
esos ojos que la oscuridad alivian.

Y esas manos que con solo la intención
de tocar las de otro
logran lo que el mar
no consigue con sus brisas.

UN AÑO ENTERO

¿De dónde vienes?
De donde mis canciones nacen bajo la sombra de las amapolas,
del frufrú cuando se frotan las espigas
mecidas por esta brisa.

De noches frescas en junio,
empapadas en sudor de julio
de un calor que se vuelve huidizo en agosto
para que septiembre venga
pidiendo abrigo al esconderse el sol.

Vengo de tierra húmeda en los amaneceres de octubre
que tanto me han dado.
De esos de noviembre en que las manos tiemblan
pidiendo resguardo.

De las ventanas de las casas empapadas en vaho
tras las primeras heladas en diciembre.
Vengo de días fríos, gélidos de enero
de cencelladas abriendo corazones en febrero.

De un marzo que debe soplar
para que abril traiga su primavera
a brotar.

De mayos pintados a todo color
en las colinas que fracturan las llanuras.

Vengo de un cuadro digno de museo,
de una tierra que, a pesar de estar olvidada,
está llena de talento.

¿Qué preguntas nos tenemos que hacer
para obtener las respuestas que en realidad necesitamos?

Tú, amiga

Tú, que vienes a visitarme a mis tardes de viernes
y bailas conmigo boleros en el salón.
Llenas mi copa vacía de un vino que amarga las penas
y tiñe mi otoño de otro color.

Ojalá perderte de vista,
quitarte de mi vida de un plumazo.
Ojalá no aparecieses cuando menos te espero,
cuando todo me va bien,
cuando me fundo en mi abrazo.

Cada vez ya te voy queriendo un poco más
y tú te vas dejando deshacer
perdida en el cariño que me has cogido.

He aprendido a convivir contigo,
a que mis amaneceres se pongan graciosos
cuando la alegría me visita porque se piensa que no estás.

Y a dejar de dejarme
mecer por la tristeza cuando llegas de noche.

Cuando vienes, cada vez noto que eres más pequeña,
cada episodio de este libro es más corto.
Cada bloqueo por tu culpa me va pareciendo anécdota.

Y solo hay una persona a la que agradecerle:
a mi niña, que va sanando de mi mano.

A ti ansiedad,
porque ya te voy ganando.

Crecer, poco a poco.
Creer, mucho a mucho.

Amar por partes
y acallar voces
que vienen a molestar.

Todo vale

En el arte todo vale, el error es bienvenido.

Quiero llenar mi vida de esos tropiezos
que con la insurgencia de un rebelde en una plaza
armado con un cartel de mensaje rabioso
contagia a los demás del espíritu debido de lucha.

Quiero que mis días se pinten
de un color cuyo nombre desconoces
con manchas tenues de su complementario.

Amo crear. Crecer y sanar.
Y crezco sanando, creando y creyendo.
Sin olvidarme de que confiando
es como vibran mis huesos.

Dar un sentido ya no es necesario,
pues voy pintando el cuadro
según como voy cantando.

Y al escribir me libero,
al moldear vuelo
y al dibujar me acelero.

Me gusta ser arte,
me gusta ver a través de las pieles
que nos tupen el alma
impidiéndonos ser valientes.

Vale más el coraje que el talento,
porque sin arriesgarse a caer
pierde sentido el vuelo.

AUTOEXIGENCIA

Autoexigencia me llama
antes de la madrugada,
cuando mi reloj de pulsera da las diez
y viene a recordarme que perfecto
es como lo debo hacer.

Ella viene a hablarme de aquello
que rozando la perfección
machaca mis intentos, por no alcanzarla.
Acude a mi memoria a estamentar
«No es exquisito, aunque no está mal»,
pero no está bien.
Y mis ganas se hunden en sus trampas,
mientras trato de no caer en el delirio
de nuevo.

Yo la recibo,
ya sabiendo que cada intento
no va a ser suficiente.

Pero hoy algo ha cambiado
y sé que yo sí lo soy.
Que aunque a la guitarra la desafine una cuerda,
consigo que acabe sonando la canción.

NOCTURNA

Echar de menos
quedarte hasta tarde
esperando un mensaje.

Echar de menos
unas mariposas
creciéndote en el ombligo.

Echar de más
la cama vacía
y el corazón en un puño.

Echar de tanto
saber que llegará
cuando no estés esperando.

¿QUIÉN SOY?

Soy mi nombre,
soy mujer.
Soy quien prefiere el tres.
Soy de mirar a los ojos
y de hacer chistes malos.

Soy de juegos de palabras
de palabras mansas
de mansa mirada
bajo un nervio impasible
e hiriente penumbra.

Vuelvo a ser extraña.
Que se extraña cuando ve odio
saliendo de las fauces voraces
de quienes no besan al viento.

Soy mirada que atraviesa
cuando la intuición me deja
y mirada penetrante
cuando quiero que se entienda mi mensaje.

También soy caricia,
de la luz amiga.
De querer el brillo de los míos
cegando la desdicha.

Soy quien decida,
cada vez más cada día.

Soy libre sin serlo,
soy de quienes besan al viento.

«Y justo cuando lo necesitas, aparece la sonrisa que te ilumina el día. Espanta todos los segundos en los que las tinieblas hoy te han intentado secuestrar».

POTENCIA (EN) FRÁGIL

¿Cómo algo que transmite una fragilidad tan arrebatadora
puede ser tan potente que te corte la respiración?

Una vulnerabilidad que pesa tanto como el aire, un recordar
que te hace pasar tres veces por el corazón. Primero, cuando
lo piensas; segundo, cuando lo vives; tercero, cuando lo
recuerdas.

¿Cómo puede ser que una delicada flor atraviese el asfalto?
Viene a recordarnos que crecer para llegar a la luz pesa
más que el cemento. Que sabe encontrar sus fisuras y
desencantos, y hacer de ellos un hogar.

¿Cómo pueden simples discursos conquistar el mundo?
Oírse desde Haití a Tombuctú, pasando por Mindanao.

¿Cómo un poema puede convertirse en la voz de una
generación?,
¿una flor, siendo disparada, ser la imagen de un siglo; una
mariposa, crear un huracán?

¿Cómo puede ser que, a pesar de lo que nos han venido
enseñando
desde que no dábamos ni cuatro pasos, la vida sea todo lo
contrario?

¿Cómo puede ocurrir que ser auténticamente vulnerables sea
en realidad lo valiente?

ABRAZOS LARGOS

Se sienten fuertes
y se huelen lejos,
esos abrazos
que son amor en recuerdo.

Esos abrazos en los que me quedaría a vivir,
en esos brazos que me han dado refugio
cuando no sabía hacia dónde ir.

Cálidos, de luz tenue,
con aroma a vainilla
y de beso en la frente.

Esos abrazos que duran siglos
a pesar de su fugacidad,
en esos brazos que fueron nido
cuando no tuve fuerzas para volar.

Se sienten cerca
dos almas que se liberan
del peso de un malestar
cuando el mundo tiembla.

Que se caigan las montañas
si en un abrazo no me pierdo
porque tengo la eternidad
resumida en este tiempo.

LUCHAR EN SILENCIO

Me gusta todo lo que callas
porque luchando te haces presente.

Hiciste entender que no hace falta gritar
para hacerse notar
en este bullicio de almas frustradas.

Vi a través de ti que ser iguales
es tan natural
como beber agua cuando tienes sed.
Y pedirlo a capa y espada
a quienes no lo quieren ver
es tan derecho nuestro
como ver el sol nacer.

La elegancia con la que nos presentas tu lucha
la sutileza con la que creas el ambiente.
Con respeto y sofisticación.

Fueron ellas, son ellos y elles,
esperando en calma nuestra intervención.

Porque brujas somos
y en brujas os convertiréis,
sin que haga falta añadir un nombre
cada mes.

Las rosas sin espinas
simplemente no existen.

DECEPCIÓN

Hoy es un día gris
donde todo me puede.
Donde todo me falla.
Hasta mis piernas dicen que hoy
no me llevan hasta la playa.

No confío en nadie,
todo me parece infiel, ingrato.

Harta de vivir en esta vorágine de decepciones
donde todo falla y nadie importa.

¿Qué hay de comprometerse, como lo hacían nuestros abuelos?
¿Qué ha pasado con lo de hacer las cosas de verdad?
Que si algo se rompe, se intenta arreglar.
¿Qué hay de usar cazuelas rajadas para cocinar?
Ahora se escapa el potaje
y no alimenta a nadie.

Transito mis dudas y me dejan cruda,
la piel desnuda dice que hoy no baila,
que se ha cansado, que tira la toalla.

Franqueo mis certezas,
observando si me erizo la piel
con la ilusión de volver.

Me abrazo en silencio haciendo caso al que una vez
dijo que hacer esto es gestionarlo bien.

Las lágrimas vienen y se van:
son las decisiones duras que se han de tomar.

LAVA INERTE

A veces un resquicio de lo que sentí por ti
aparece sin llamarle,
pero le cierro la puerta
antes de que le dé tiempo a revivir.

Se quiere colar por la rendija de abajo
como cuando un incendio
se intenta apoderar de tu casa,
y yo le pongo por debajo una toalla húmeda
que empape tu deseo de volverme a herir.

Que no pase tu humo mi puerta.
No pasarás del rellano de mis recuerdos,
ya no ha lugar que vuelvas.

Porque eres como la sombra que viene
a despertar mis demonios cuando están más que dormidos.
Eras el anuncio de la erupción
mediante aquel enjambre sísmico.

Lo fuiste demasiadas veces.

Y me dejaste a grietas sin fuerzas,
socavada en la roca de los despertares sin ti.

Pero, cariño, ya no.
Ya no llegas a tiempo,
porque este volcán ya murió.

Infierno intencionado

Arde mi tierra y me cuece el alma
cuando se confirma que la luz que tiene
se apaga.
Se confunde con ceniza el bosque de encina
y se oye el llanto del corzo
que al cruzar el fuego para escapar
pecó de valiente.

Un balido sordo en la distancia
que anuncia el último aliento.
Un abuelo que llora por la tierra
donde ya no crecen sus nietos.

Entre tanto no apareció
la lluvia que dejase el petricor
sobre este suelo seco
sin vida pero sin temor.

In memoriam de los incendios de La sierra de la Culebra,
julio de 2022

AMIGA

Tu mano abierta
esperando a agarrarme fuerte
justo antes de caerme
se ha hecho mi hogar.

Me miro, me miro
y por mucho que lo hago
no me veo.

Decisión

Hoy los rayos de sol atraviesan las nubes de otra forma.
Llegan para meterse en las gotas de agua salada que te han
quedado en la piel. Frágil barrera que te cubre y te da tanto.
En cada gota, una llama. Que con su efecto lupa no sabes lo
que va a doler.

Y sin querer, te queman. Es coherente que, si hay demasiada
luz, si te acercas demasiado, seas un Ícaro queriendo alcanzar
el sol y que lo único que va a lograr es caer en picado hacia
la tierra. Y quizás consigas hacerte de una con ella, en vez de
destrozarte en pedacitos de sol y sal.

En esta tarde, mientras fundo mi nostalgia con las ganas
que se me quedan cada vez que vuelvo a casa, imagino
cómo sería mi mismo yo siendo despegada. Y me invade un
malestar que me raja el pecho. Por no aceptarme aún así,
por no poder hacerlo todo o, quién sabe, quizás por no tener
siete vidas que vivir.

Y es que, teniendo solo una, elijo no quedarme aquí.

Trampantojo

«Trampa o ilusión con que se engaña a alguien haciéndole ver lo que no es».

Vendehumos.

        Narcisista.

                Rastrero.

                        Ingrato.

Que yo con mi empatía
te preparé un rinconcito acolchado
en mi corazón

y te abrí la puerta a hacerme de vapor.

Y tú tiraste del hilo rojo
siendo un auténtico cabrón.

Que intenté esculpirte una sonrisa cuando nada lo hacía
y no quisiste más que pagarme con desidia.

No te culpo, todos nos perdemos cuando el corazón está oscuro.

Pero no te confundas,
no busques en mis palabras rencor.
Pues no lo hay, ya te fuiste.
Tengo bien amadas mis cicatrices
y no le falta de nada a mi corazón libre.

Porque he aprendido a dárselo todo yo.

ALIGERAR EL PESO

A veces releo.
Y me vuelvo a encontrar
igual de perdida, pero con un par de kilos más
atados a mi mochila.

Son lecciones aprendidas,
que no pesan.
Se limitan a enseñarme
que ahora ya sé cómo sanar.

He aprendido a hacerlo
desde dentro.
A acallar mis miedos,
a arañar la vida
y darles paciencia
a las cicatrices de mis heridas.

No estar donde no se te quiere lo suficiente,
lo que crees que mereces,
también es un acto de amor propio.

Y, por lo tanto, de rebeldía.

PREDESPEDIDA

¿Qué me está pasando?
Que me he perdido en el lugar donde esperaba encontrarme un poco más.
Que sí, que me he saludado todas las mañanas, más completa y sin necesitar
más compañía que la mía. Y se siente bien.
Pero la que yo veía en el espejo estaba un poco lejos de la realidad.

Esa sensación de vivir de vacaciones
de no tener obligaciones
 de que desaparecen los demonios
  solo por ver el mar.

Y no creo haberme equivocado,
solo que esta aventura
tenía que tener este final.

Y, si me preguntas, no me arrepiento. Porque esta lección está siendo vital.
Aprender de mí misma lo que de verdad me da paz.

No es moco de pavo
aceptar que tienes que volver
a donde siempre estuvo el hogar.

Estoy tan a solas
que dentro siento que nada me falta
porque me falta todo.

EFÍMERO

Como una playa que desaparece cuando llega el temporal,
bamboleo de sentimientos entre el corazón y los pulmones,
y un pecho que se llena del aire que los susurros navegan.

Se me corta la respiración entre tus luces de atardecer
y me da la vida cuando sale el sol.
Entre tus nubes negras me escondo
cuando el viento viene a llevarme a otro horizonte.

Se que vas a durar poco, lo mínimo,
quiero exprimirte lo que dures
porque esta paz que me das
no me la puede quitar nadie.

Quiero quererte hasta reventar
mientras mi piel toque la tuya
y se nos quede grande el milímetro que nos separa.
Así, cuando llegue el final,
parecerá que ha valido la pena.

Mírame, pero no me toques,
mantén mi espacio conservado,
y observa cómo de mí nacen las flores
que arrancaron de tu corazón.

Aprovéchame mientras permanezca
entre tú y yo esa sutileza
de amor escarmentado
que mató al caballo alado.

Mantén tu miedo a raya,
que yo tengo suficiente con el mío.

Y a mi corazón
no te preocupes por desordenarlo.
Mejor eso que tenerlo vacío.

Morirse de ganas.
También, de miedo.

CAL Y ARENA

El amor propio también duele. Eso nadie nos lo cuenta cuando nos venden esa idea de quererse y requererse; parece que todo tiene que saber a fresas. Trabajar en una misma es el más arduo de los caminos que se puede decidir tomar, porque te enfrentas cada día a la peor jueza con la que te podrás topar.

Y una vez lo emprendes, lo caminas, lo tropiezas, lo escalas, lo caes y lo avanzas, al echar la vista atrás se te nublan los ojos por ver dónde dejaste a los demás.

El amor propio implica despedidas, porque lleva de la mano decir adiós a ciertas cosas que nunca quisiste ver. Y, consciente del dolor que conlleva alejarse de ello, sabes que el calor te encontrará una vez que salgas de ese pequeño túnel y te permitas ver.

Sanar implica sangrar, porque sin herida es imposible tener algo que curar. El agua tibia antes estuvo fría o caliente. El río en algún momento fue glaciar y en un futuro será nube. Y te lloverán los ojos, te lo garantizo, pero estate atenta porque esa lluvia será el alimento de las flores que te crecerán por dentro.

Aprenderás a deslizarte suavemente entre la decepción, la frustración y la rabia.

Porque a ser fuerte se aprende con los ojos llenos de lágrimas.

Avanzando encontrarás a otros que eligieron tomar el mismo camino, los irás encontrando en cada destino. Descubrirás que el mundo está lleno de gente buena, de corazones enormes y de manos que te sujetan mientras no se quedan conformes. Que te impulsan a seguir queriendo mejorar, día a día, lustro a lustro, década a década y poco a poco.

He escrito a todos los daños posibles
y todos me han dicho que se acabarán yendo.

Anhelo N.º 1

- Vivir un Stendhal

Me da miedo cuando estoy insensible, cuando me siento roca
y no me rompen por dentro las cosas que debieran.
Me da miedo perder esa capacidad, que es tan mía.
Me abruma mantenerme inerte y fría.

Pero me doy mi espacio y entiendo que es normal a veces que
el corazón necesite parar.

Me da miedo la anhedonia, su simple sospecha me paraliza.
Me incapacita que me inunden las ganas de llorar y no ser capaz
de hacerlo.
Me tiembla el alma con tan solo pensar que se puede dejar
de sentir,
pues yo así no entendería el vivir.

Pero viene la esperanza y me baja los pies al suelo; ella puede
con estos miedos.

No quiero anhelar la posibilidad de soñar.
Me mortifica la idea de ser incapaz de amar,
de no poder empatizar.

Pero a veces un ovillo de lana es mi mejor metamorfosis,
porque siempre acaban llegando las llamas a prenderla.

VICTORIA

A través de tu piel puedo ver
transparente,
incandescente,
a esa mujer
que está volando
antes de romper el cascarón.

Si te miro a las pupilas,
me atraviesan tus ganas de vivir
de ser, por fin.
Y no importa la espera
si es que te acompaño en la vereda
de este cambio y convertir.

Vas a brillar, lo sé.
Vas a aullarle a la luna
cada nueva de marzo
y llena de abril.

Y ojalá en tu noche,
cuando revuelvas tus ganas
y las quieras ahogar en cava,
recuerdes que siempre fuiste
la que ahora está a punto de salir.

Auténtica y brillante
vas a nacer, vas a vivir.

Hoy te miro y admiro
tu capacidad de lucha,
de temple y de escucha.

Unos brazos como esos
que han abrazado con paciencia
mis emociones y sentires,
tantas noches bajo el sol.

Y quiero estar aquí,
ver como los alisios te peinan la cara,
te besan los labios,
te llueven los ojos
y te hacen feliz.

Para mi V.

FLOR INCIPIENTE

Una semilla que sin darte cuenta dejaste en el fregadero y ha germinado. Tal y como crece, brota a través del acero ensangrentado de tantas copas vacías aún de tinto, esperando una celebración.

No te has dado cuenta y, sin querer, te han brotado alas pensando en llenar ese salón. Con tu gente, que echa las chispas que te van a dar calor.

Estás comenzando a despegar las suelas del suelo que te mantiene aquí y parece que aligera lo de tomar una decisión tan fácil como cruda. Que estar donde dentro no hay paz no tiene ningún sentido. Y que estar donde sientes que no importa que el mundo se pare pesa como una tonelada de acero.

Como esa flor incipiente, comienzan a brotarte las hojas que harán de alas, esas que despegan, de esta tierra que pisas, la raíz que no has echado. Esas que te transportan al futuro cercano de estar donde el pasado se hace liviano.

CAMA AL MIEDO

En el lugar donde le hice un hogar a mi miedo
hay suelo blando, lecho sereno.
Porque, ya que he aceptado que va a estar, que esté cómodo.
Le voy a abrazar, como abrazo las noches que paso en duermevela.

Siento tanto sismo en mi pecho
cada vez que le oigo llamar a mi puerta
que ya el invierno no es frío
sino candente.

Viene como una sombra a recordarme la vulnerabilidad,
a predecir que aunque esté fuerte no puedo despegarme
del momento en que me volverá a atacar.

Y le tengo miedo.
Miedo al miedo.

Pero ya he aprendido a darle
el espacio que vino hace tiempo a reclamar.
Y resulta que me encuentra
buscando las respuestas que encuentro
cuando dejo de buscar.

Tengo miedo al vértigo.
O vértigo al miedo, ya no sé.

Siento la necesidad de que el tiempo se agote
tan rápido,
que se deshaga en mis manos como un helado
en pleno mediodía de agosto.

Viene a aullarme, a adularme, a comprenderme.
Y ya no temo al vacío de la incertidumbre
porque, si se tiene que ir, se irá.

NECIO MUNDO

Qué frágil mundo en el que vivimos
que solo por una lágrima
se piensa que te ha vencido.

EQUILIBRIO

Quedarse en la virtud, sin llegar al defecto.

La fina línea que los separa.

Ir rápido, sin tener prisa.

Ser perfeccionista, sin obsesionarse.

Ser modesta, sin menospreciarse.

Dar opiniones, sin ser una bocazas.

Informarse, sin sobrexponerse.

Valorarse, sin llegar a la vanidad.

Respetarse, sin limitarse.

Creer, sin fanatizar.

Admirar, sin acosar.

Piropear, sin asustar.

Sentido

Miedo,
que se convierte en incertidumbre,
que se convierte en calma,
que te tira de la cama mientras duermes
y te abraza las llagas.

Miedo,
que te hace tropezar,
que te encapsula en él,
que se convierte en golpe
y, tras ello, en aprender.

Miedo,
que al principio no parece
tener un motivo
para quedarse,
pero que cuando se va
encuentras el sentido
por el que se quedaba.

Miedo
a que todo se oscurezca
previo a la batalla.

Paz,
para los vivos
porque si algo tiene que estarlo
es sentido.

Demasiados días tanta gente
y ni una mano que me sujete.

Demasiado perdida entre tus playas,
tanta piedra para tan poco puente.

LAS VISTAS DESDE MI CAMA

Las vistas desde mi cama son
cada día más bonitas,
más llenas y más leídas.

Ver sobre mi mesilla
cada poco tiempo un título nuevo
me recuerda el poder que la lectura
tiene en mi alma.

Que me la riega, me la cuida, me la ama.

Hay días que amontono libros,
otras noches que está sola mi libreta.
Suelen ser cuando me siento luna llena.

Cada página que leo
justo antes de que el sueño venza
a mis párpados pálidos y mecidos
me lleva a un mundo donde nunca estoy sola,
donde tengo un mejor amigo.

Y siento el abrazo de quien, al leer, añora.

No siento melancolía,
pues siempre leo con la vida enredada
entre mis dedos al cambiar de página.

Lo hago antes de dormir porque, así, algunas noches
las musas vienen a arroparme,
me estiran las sábanas y me besan la frente
como queriendo inspirarme.

Y me dejo mecer los ojos
bajo mis párpados en cuarentena
para que así mañana
esta luna sea nueva.

Prefiero abrazarte

A ratitos vienes y me tiemblas las manos.

Sé que te tengo que hablar con cariño
porque eres parte de mí
y no te vas a marchar por mucho que yo lo intente.

Pero tampoco quiero que te confíes
y te quedes aquí a vivir mucho rato
porque también soy lo que me haces ser,
a pesar de lo amargo.

Prefiero aceptarte y abrazarte cuando vienes,
calmándote yo a ti para que te hagas más pequeñita.
Porque sé que en el fondo también eres la niña que yo fui.

He aprendido a no regañarte, a no odiarte,
a que cuando apareces mi mundo no se tiña de grises
y casi siempre,
ahora,
ya sé por dónde vas a salir.

Sano

Ojalá me quieras como necesito
y no como tú quieres
que yo lo haga contigo.

Ojalá te pares a escuchar mis latidos,
te dejes vencer en mi mar en calma
y te limites a abrazarme cuando me he perdido.

Ojalá en tus «quiero» compartas mis anhelos,
y vivamos amaneceres sin salir de diez metros cuadrados.

Que te respire a kilómetros de distancia
y sienta que puedo escalar la más alta montaña.

Ojalá me sienta reina del mundo
y mi corazón deje de ser vagabundo
de una ola a una espiga,
de estar gris a estar realmente viva.

Ojalá «a pesar de todo»
sea a besar de nada.

Que mi arrebol sea tu cama,
que mi cuerpo sea tu casa.

Ojalá que me quieras como necesito
y aceptarme sea tu instinto.

Pasado

El pasado a donde pertenece.
A los días que murieron bajo una lluvia amarga.
A los meses de niebla restados de tu vida.
O a las canciones que suenan a Sabina.

El pasado ya no es nuestro
y debe quedar donde se perdió.
Siempre guardando un dulce recuerdo
de lo que nos enseñó.

Donde muere una historia
ya no cabrá retomarla.
Donde se hizo hielo el beso tierno,
no cabe nuestra alma.

Tanto dolió que se quedó dormida
esa pizca de amor que tuvo salida.

A veces se encuentra consuelo
en que lo que no pudo ser
no fue.

El pasado es pasado
y así ha de ser.

IMPROBABLES

Qué putada tan grande coincidir
en el momento preciso,
la mirada profunda
y las ganas inherentes.

Y que el tiempo externo,
las inclemencias de las circunstancias
que se nos escapan de las manos
sin poderlas controlar,
y el grito ahogado de querer más
llenen el camino de piedras
que al final no hemos sido capaces de sortear.

Y nos separen.

VUELVO

Me bajo de la rutina de aeropuertos,
de las horas tiradas en salas de espera.
Me bajo de mi burro. Me bajo del avión.

Qué bien se siente saber que montas en el último tren, que
tu vuelo es el siguiente y es el último antes de volver, para
retomar tus raíces donde las dejaste, pero más madura. Más
auténtica, menos perdida.

Saber que se acaban las eternas esperas en esos largos pasillos
donde la gente va y viene, y cada presencia es efímera. Que
ya no habrá más amaneceres en sus salas por necesidad, que
serán por gusto.

Volver para empapar de cariño las ramas que te han crecido.
Volver porque emigrar no fue tu destino.

Me subo al tren de los inviernos mecidos por la niebla,
de los otoños de bailes en el salón.
Vuelvo a la lumbre,
al cobijo,
al ardiente sol de julio.

Vuelvo a las cuatro estaciones que se me habían perdido
por buscar un mar que nunca me perteneció.

La primavera eterna ya no me llena, las olas de tu atlántico no
me dan la paz que me dieron.

Los árboles en tus tejados ya no me impresionan
y tu lava ya se enfrió en mi corazón.
Pero no te creas que ya no te quiero,
ocuparás un rinconcito en ese salón.

Bailaré tus ritmos, mejor medidos.
Contaré tus pasos, más de lejos.
Te echaré de menos, en pequeñito.

Me voy porque vuelvo
sabiendo que vuelvo con la maleta vacía de cosas,
porque lo que tengo lleno ahora
es el corazón.

¿Qué tendrá la montaña
que no me lo da el mar?
¿Qué tendrá el océano,
que no me lo da el trigo?

¿Qué tendrá el dulzor de una caricia
que viene de otras manos
que no me lo dan las mías?

¿Cuál será el misterio
de un abrazo
cuando dura más de cinco segundos?
Que te viene la paz
a invadir tu desesperanza.

¿Cuál será el motivo
de que nos necesitemos,
a pesar de querer evitarlo?

Pacer o nacer

El refranero castellano dice:
«uno no es de donde nace, sino de donde pace»

pero si pace donde no nace
luego quizás hace lo que no le nace
y si nace donde después no pace
no le nace pacer donde nace.

Pero hay veces
Que, por mucho que uno pace donde no nace,
donde nace le llama a pacer.

Y al final tiene que hacer
pacer donde nació
porque la vida
así se lo pidió.

Oro

Oro en las miradas.
Oro en los campos.
Oro en esos ojos de los niños que viven estos días eternos de verano.
Oro en los recuerdos de las tardes felices reparando cicatrices
entre risas y abrazos, entre besos y llantos.

Oro para los míos,
oro al volver a casa.
Oro de estas mañanas con aroma a lavanda.

Oro de este amanecer entre julio y agosto
que según pasan los días se ve desvanecer.

Oro en las cunetas oliendo a girasol solitario,
sabiendo a helado derretido tratando de mirar el ocaso.
Oro en el alto de las colinas propiedad de los milanos.
Oro en el valle esculpido por el río,
donde, bajo el abrasador fuego, nos dan descanso.

Oro bajo la sombra de esos árboles que talaron.

Oro es mi tierra, mi voz y mi regazo.
Oro para los abuelos que ven a sus nietos crecer bajo el abrigo de un almendro.
Oro para los padres que crearon familia sabiéndose abandonados.

Y ahora oro entre gigantes, blancos y alados.
oro entre el secano,
oro entre el girasol solitario y la orilla del camino,
A donde su semilla voló sin tenerlo destinado.

Oro por las noches de paseos, eternas hasta llegar el alba.
Oro en estos días que me inundan la nostalgia.

De oro son mis veranos, de azul los cielos que las aves surcaron,
de tormentas me atraviesan sus rayos.

Oro llano, oro limpio, oro humilde y denostado.
De oro es el infierno que un día, como un campo amarillo, dijo Machado.

El oro que solo da el cielo no te empeñes en buscarlo en otro lado
si no ha llovido desde enero.

La tierra tira
y la raíz empapa.

También es eso

Tranquilidad.
Lágrimas.
Encontrar tu paz.

Respirar hondo sin sentir que te falta el aire a mitad de inspiración.
Que no tiemblen tus piernas sin motivo aparente cuando estás sentada.
Que el plato te dure lo mismo que a los demás.

Una tarta de queso en las calles del Born.
Una cerveza fría en La Antigua.
Un café rozando el mar en Los Abrigos.

Que no te duela la boca al despertarte.
Que se te escapen las sonrisas.
Que no duela el alma.

La culpa sin aparecer.
La pena sin pesar.
Los dientes sin esconder.

Tu mirada al frente en vez de hacia el suelo.
La brisa tejiendo tu pelo.
El café donde se termina de derretir el hielo.

Un amanecer en octubre.
Niebla en las calles.
Lluvia en los ojos.

Felicidad
también es eso.

Lo que nos llena,
dejemos que nos llene.

A MI TIERRA, DESDE ALLÍ

Añadiría a mis puntos y seguido un matiz: ahora sí,
              [he aprendido a ser realmente feliz.

Hoy en día el mejor sentimiento que tengo es el de no echar
ni un poquito de más este lugar, a cada vez quererlo más,
a la gente que aquí está,
a mi gente que tanto calor me da.

No echo ni un poquito de más
tus inviernos fríos como la lengua de un glaciar,
lengua que te lame la cara y lamerá también mis canas.
Ojalá.

No añoro ni una pizca estos pueblos vacíos,
las tardes perdidas entre partidas,
ni en junio tus campos rebosantes de trigo.
Porque al fin los tengo aquí conmigo.

No echo de menos tus mares verdes,
porque los tengo delante.
Ni oír a las cigüeñas crotorar,
o las avutardas cantar.
No sentiré melancolía
cuando oiga una dulzaina o un pandero sonar.

Lo que echaré de menos
es echarte de menos
porque aquí me voy a quedar.

Y no es por menos conformarme,
en contra de mis principios,
sino haber encontrado lo que llena
mi alma de piel errante.

Voy a donde me llamen.
Soy de donde me quieran.

DONDE SIEMPRE VOLVER

Al abrazo de tus padres
A las risas con tus amigas
A la brisa de un atardecer sobre ese teso, en mitad del mar verde
A jugar a las cartas con tu abuelo
A rebatir sus argumentos a tu abuela,
a enseñarle que ser mujer ha cambiado.
A crisparte por el hermetismo de alguna gente que te rodea
A que el sol te salude volviendo a casa en septiembre
A amasar los hielos de diciembre
A que rimen fácil los meses
A la rima fácil de las espigas acunadas por una brizna de aire al amanecer
A que al irte lejos te falte el aliento
A que el corazón te choque fuerte contra el pecho
A que se te salgan de dentro los nervios
A que antes de dar un paso otros se te pongan en medio
A que la velocidad del tiempo te apuñale los recuerdos
A que las ganas de vivir no te las quiten los muertos

A donde siempre volver
todos sabemos dónde es.

[25 de mayo de 2023]

Lo peor que pueda pasar

Tiene mi cabeza una manía de ser cuentacuentos,
de inventar historias eternas de norias que no paran de girar.

Me las cuenta una y otra vez, con sus infinitos finales posibles,
que se ramifican, expanden, explotan y callan.

Tiene esa manía de hacerlo sin decírmelo y de contármelas sin que lo espere.
Y lo peor es que viene a hacerlo cuando la calma me hace que frene.

Me cuenta un cuento por las noches, el de «nunca pasará».
Y al despertar me cuenta el de «la vida es corta».
Lo gracioso es que les cambia el título
y a mí es que la historia me va sonando,
hasta que desvela el final
y pienso «otra vez, ¿cuándo parará?.

Ojalá me devolviese el tiempo que me quita
cuando me paro a escucharla
esperando que me cuente una historia real.

Pero ella no sabe que hablo con el tiempo,
que él me dice que todo encajará.
Que me distraiga cuando venga a contarme historias
de lo que nunca ocurrirá.

Él me cuenta que lo que importa ha de ir primero,
que el resto de cuentos son solo eso, cuentos.
Me da la mano y me calma,
mientras llama a mi paciencia, que me abraza
y me canta la nana que siempre tuvo que sonar.

A veces se me olvida su nana,
me encuentro una piedra y me detengo a mirarla.
Mi cabeza viene, se inventa otra historia
y vuelta a rodar la noria.

Juntos me recuerdan que el camino
que paso a paso voy haciendo conmigo
está lleno de baches, piedras, rocas y glaciares.
Que cuando tropiece, me ayudarán a levantarme.
Uno me tomará del brazo, el otro me besará la frente
y al ratito la historia cambiará de eje.

Tiempo coloca y cuida,
Paciencia hace de guía.
Entre los dos me cuentan la historia
de la que más me gusta el final,
«que lo peor que pueda pasar
sea que haya que esperar un poco más».

AGRADEZCO

Cuando todo encaja, todo fluye,
nada me escama
y el miedo huye.

Cuando la paz está presente en todos mis días,
o al menos en la mayoría.

Cuentan que, cuando eso ocurre,
no habrá malestar que tu garganta inunde.

Cuando tu alma
podría ser el reflejo de un mar en calma
y la hierba verde
te da el alimento para no quedarte inerte.

Cuando una flor aparece entre las grietas del desierto,
necesita poca agua en esta sequía
para mantenerse viva.

Cuando las piezas del puzle se colocan solas,
unas al lado de las otras
como si se abrazaran largo,
y saltan chispas.

El equilibrio aparece,
la ansiedad se desvanece,
sientes como el corazón te crece.

Cuentan que, cuando eso ocurre
y haces costumbre la incertidumbre,
la abrazas.

El futuro no te preocupa,
tus pensamientos el presente ocupa.

Cuando integras en tu bienestar
aprender a disfrutar
de estar presente.
Sin olvidar que un largo camino te queda
para beber de esa fuente.

Agradezco
haber aprendido a agradecer, y con ello engrandecer.

Agradezco que mi raíz haya tirado de mí sin cortarme las ramas.

Agradezco al agua darme alas y al trigo, pista de aterrizaje.

Agradezco haber vivido todo lo que he querido,
como he querido,
cuando he querido
y desde donde he querido.

Hoy me abro a recibir todo lo que para mí,
sin creerlo más allá de tres canciones,
tenga preparado el destino.

HISTORIAS
DE FINAL ABIERTO

MALAS NOCHES

Sola. Durmiendo en diagonal.

Tengo una cama tan grande que le sobra sitio para mis miedos. Ellos vienen y me abrazan alguna que otra noche, sin preguntarme qué me pasa.

A veces me despierto cada hora, doy las campanadas y, dándome la vuelta, vuelvo a soñar dormida. Porque despierta ya lo hago todo el día.
Son mis noches donde canto a una luna que no está y que me invita a bailar bajo su luz. Porque no necesita brillar hacia afuera, como yo. Y, con ella, llego a la conclusión de que es suficiente brillar hacia adentro, que todo lo demás viene de la mano.

La oscuridad que me envuelve el alma cuando pienso en la muerte y, por la mañana, mirar a la cara a la vida, que me brinda otra oportunidad de no salir escaldada de la rutina. Escapar se vuelve necesidad, viajar es mi serotonina y la aventura, un clavo que saca el que llevo inciso desde hace demasiados días.

Un corte limpio de realidad concentrada cuando vuelvo a abrir los ojos y me veo igual que siempre, por fuera. Por dentro han migrado los miedos y han saltado chispas esperando mi lluvia de interior.

Salgo de la cama con el pie derecho; por si acaso hoy no voy a llevar la contraria. Voy a emplear energías en volver allí donde dejé mi esencia que tan lento caminaba.

SOMNOLENCIA

Me encontré un día preguntándome por qué cada vez que me recostaba sobre su hombro me daba sueño. No entendía, si yo lo que quería era exprimir cada segundo a su lado. Cada rato que pasábamos juntos, sentía recorriendo mi cuerpo una sensación de haberse ido a la cama y estar en la fase previa a abrir la puerta a los sueños.

De pronto un día, igual que cuando una idea cruza el horizonte a velocidad cósmica y se te presenta enfrente como una ráfaga de luz cegadora, me di cuenta. Me di cuenta de que simplemente mi somnolencia se debía a sentir hogar un hombre que no es mío, a que recostar mi cabeza sobre sus piernas se sentía como una cámara acorazada ante los peligros del mundo. Que mi niña interna jugaba en un columpio del que jamás se podría caer, porque siempre estaría su mano para impedirme coger más velocidad de la que puedo soportar.

Y me daba cuenta en ese momento de que, cuando mis ojos se cruzaban con su mirada nostálgica y plagada de ternura, no solo era por sentir tranquilidad y sosiego, era porque sabía que también me los estaba dando a mí.

Jamás pensé en que sería real sentir a otra persona como un hogar; no entraba en mi imaginación usar el cuerpo de otra persona para meterse adentro. Pero la vida está llena de momentos en los que la realidad desafía las creencias impolutas para dar paso a la creación de nuevas, más pulidas.

En esos momentos recuerdo que Shakespeare escribió que «las heridas que no se ven son las más profundas». Y yo, de tan invisible que se han vuelto, a veces parece que no están. Porque tú las sanas, porque tú las ves y las besas. Les das tiempo para que cierren a su ritmo. Y, sin saberlo y sin haber existido, eres el amor al que aspiro.

Amanecer de aeropuerto (II)

Otro amanecer de aeropuerto con sus ojos clavados en los colores del cielo esperando encontrar a su musa. Fija la mirada en el resplandor de un nuevo día que solamente se anuncia por el otro lado de la cordillera. Atravesando con la mirada el ir y venir de gentes, o personas —quién sabe—, que a lo largo de las cintas corren, ríen y se pausan por un rato en su camino ajetreado. Haciendo por buscar el momento perfecto, el ambiente adecuado, se pone los auriculares y busca su música de amor propio.

Ya todo está listo para recibir al nuevo día, uno que comienza de otra forma diferente, ya que ayer apareció una ilusión distinta en sus noches.

Espera, tan solo espera a que comience el ritual que el sol regala cada día, pero que solo ha podido disfrutar en contadas ocasiones. Suspira y la música le inunda mientras da con el primer atisbo de luz directa que penetra en sus pupilas como si de una daga se tratase.
Se deja inundar de esa luz naranja mientras va subiendo el brillo y la intensidad, y las gentes que antes atravesaba con la mirada clavada en el sol ahora le atraviesan a ella en su afán por continuar con el hilo que une sus ojos a esa estrella.

A mitad de sol, cuando los rayos marcan el inicio del nuevo día, empiezan a revolotearle la mente decenas de emociones, sentimientos contenidos y lágrimas escapadas. «Hora de escribir"». Agarra sus neuronas repletas de ganas de exponerse a esta luz, de dejarse llenar por los colores que ahora ya han cambiado, y comienza su ritual, acompasado con este amanecer de aeropuerto.

Ya cuando el sol aparece por completo ha escrito sus tres primeras líneas. Las lágrimas se han disuelto convirtiéndose en la tinta que mancha estas hojas. Ahora se ve a sí misma desde los ojos de esas gentes, bañada de luz rosada y violeta que se torna en naranjas intensos con sabor a libertad.

Y, cuando el sol está quemando sus iris, se retira de nuevo a su rincón de seguir caminando.

AL BORDE DEL MAR

Recuerdo cuando te sentabas al borde del mar para vivir cada ola rompiendo en la roca y bajo tus pies sentir las gotitas de agua que te llenaban de sal las plantas. Malditos tus pies, siempre pisando fuerte, tanto que ni la arena de la orilla se atrevía a moverse bajo ellos.

Fuiste siempre tan puramente tú que me atrevería a jurar que jamás vi una pizca de arrepentimiento en tu sonrisa por serle fiel a tu instinto. Sería difícil describir el cómo te veía yo a cualquier persona que no te hubiese conocido tanto. Pero no va a hacer falta intentarlo porque esta carta se queda para mí. Y para ti, si es que desde donde estés logras meterte en mi mente.

Se me eriza el vello cada vez que algún olor me recuerda cómo tu mirada me pisaba la piel. Esa forma tan dura de romperme en mil pedazos cada amanecer que despertabas mirándome. Y las lágrimas no se retienen a brotar cuando eso sucede. Me sigues doliendo, como te prometí que lo harías siempre.

Sé muy bien por dónde va mi vida, pero, si me preguntan si tiene sentido, seguramente tu voz me resuene en la cabeza para recordarme aquello que decías de «vívete hoy, que mañana mueres». Hace mucho tiempo que no me dedico a contemplar y disfrutar, sino a planear y divagar. Ojalá encontrase alguien que se te pareciese un mísero dos por ciento para retomar esa filosofía que solo era capaz de desarrollar contigo cerca.

No hago más que malvivir de esos inciertos quizás, tanto que me los echo en el café cada mañana para poder tomar el día con al menos la mitad de ganas que tú le ponías a la vida. ¡Cuántas veces derrumbaste mis argumentos! Solo para hacerme ver que había otro punto de vista. Y otros miles.

Último vuelo de vuelta

Parece que las noches de aeropuerto están siendo un momento de llamada a mi inspiración. Cuando llego y me siento en esas sillas incómodas para dar inicio a la larga espera hasta que llaman a embarcar, parece que las musas se despiertan y vienen a llamar a mi cabeza ansiosas de ser útiles un ratito.

Tanta gente, tantos brazos. Tantos ojos perdidos mirándose sin esperar reciprocidad. Miradas que se cruzan, con el modo avión activado antes de tiempo. Desconectados entre sí, perdidos en sus pantallas, sin buscar una interacción.

A veces me pregunto cómo eran estas salas de espera hace años, cuando el mayor pasatiempo que había no era otro que entablar cualquier conversación para pasar el rato, para hacer tiempo. O simplemente ocupando esas horas con el simple y llano placer de la reflexión.

Cuántas historias nacerían de momentos así. Cuántos «chico conoce chica, se gustan, tienen una bonita conversación, suenan las llamadas de embarque, los vuelos no coinciden, se van en aviones diferentes y fue bonito mientras duró». Cuántos finales alternativos que choquen contra todos los mitos que nos han hecho tragar.

Me imagino un señor viejito, cabello canoso, con su visera, intentando hablar con alguien para paliar durante unos minutos su soledad. Me imagino dos niños haciendo migas mientras sus madres los miran vigilantes por si se perdiesen entre tanto pasajero.

Me imagino un grupo de amigas que se van de vacaciones, lanzando miradas al grupo de amigos que tienen enfrente; comparten destino.
Me imagino una mujer que solo coge este vuelo para volver al calor de su hogar. A un hombre que solo lo coge para ir a ver a su amor.

¿Lo estoy idealizando? Quizás sí que era como en las comedias románticas, pero probablemente no. Solo me gusta imaginar historias con gancho para ser contadas. Historias que giren inesperadamente, como la vida, que nunca acaba como en las películas.

Quisiera contar esas historias reales que nos hacen soñar, manteniéndonos con los pies bien pegados al suelo. ¿Por qué cuesta tanto plasmar algo real en un guion? ¿Por qué nos engañan con historias con final feliz, que siguen todas el mismo canon?

Ay, esas esperas eternas con tanto trajín, ires y venires de historias por contar.
Ahora tengo la sensación de que quizás, en algún momento, las vaya a echar de menos.

[7 de septiembre de 2022]

Último vuelo de vuelta

Espero que nunca olvides que el infinito poder de una sonrisa será capaz de matar al más voraz de tus monstruos.

Lo que te haga feliz es lo que más pesa.

Gracias.

AGRADECIMIENTOS

Con este libro espero haber dejado claras mis intenciones de profesarle una declaración de amor eterno a mi tierra, a mi raíz y a mi gente.

Agradezco a mi familia todo el amor que me han dado desde que mi primer poemario vio la luz. A la red tan fuerte construida a base de amistades —sois muchas y muchos— que cada día me empeño en reforzar y, si se fractura un poquito, la intento remendar. En mi forma de cuidaros incluyo dedicaros mi inspiración porque es lo que me hace estar viva. Y, en parte, os la debo.

De nuevo, también quiero agradecerme a mí por trabajar día a día en no dejarme vencer por todos los obstáculos que me encuentro en la vida. Más aún al ser mujer. Porque ya fue suficiente lo de menospreciarnos como artistas, es hora de hacernos valer, y ese camino empieza por autorreconocernos el mérito de parir un libro.

ÍNDICE